Hallo, ich bin Anoki.
Für jede Seite, die du fertig hast,
malst du eine Wolke aus.

2 3 4 5

6 7 8 9 10/11 12 13

14/15 16 17 18 19 20 21 22/23

24 25 26/27 28 29 30/31 32 33 34

35 36 37 38 39 40/41 42 43 44

45 46 47 48 49 50 51 52 53 54/55

56 57 58 59 60 61 62 63 64

Genau lesen

Verbinde die passenden Satzteile.

Störend ist die Regenfront,	liegt der Hahn vor Lachen flach.
Wenn die Kuh am Himmel schwirrt,	wenn man sich im Freien sonnt.
Was du heute kannst besorgen,	soll heute dein Geburtstag sein.
Kräht der Maulwurf auf dem Dach,	das verschiebe nicht auf morgen.
Voll Heiterkeit und Sonnenschein	hat sich die Natur geirrt.
Hast du Zahnpasta im Ohr,	kommt dir alles leiser vor.

- Wie heißen die Sprüche richtig? Kreuze an.

- [ ] Hans hockt Holz hinterm Holzhaus.
- [ ] Hans hackt Hemden hinterm Holzhaus.
- [ ] Hans hackt Holz hinterm Holzhaus.

- [ ] Klaus Knopf liebt Knödel, Klöße und Klopse.
- [ ] Klaus Knopf klebt Knödel, Klöße und Klopse.
- [ ] Klaus Knopf liebt Knödel, Klöße Hund Klopse.

- [ ] Sieben Schneeschipper schreiben sieben Schippen Schnee.
- [ ] Sieben Schneeschipper schippen sieben Schippen Schnee.
- [ ] Sieben Schneeschipper schippen sieben Schnauzen Schnee.

Ergänze die Tabelle. Markiere den Wortstamm.

	Gegenwart (Präsens)	**einfache Vergangenheit (Präteritum)**	**zusammengesetzte Vergangenheit (Perfekt)**
messen	du	ich	du
fließen	es	es	es
essen	ihr	wir	wir
schließen	er	wir	ihr
vergessen	du	wir	er
genießen	wir	er	du
treffen	ich	du	er
sitzen	du	er	ich

Setze die Verben in der einfachen Vergangenheit (Präteritum) passend ein.

zerreißen | messen | stoßen | verpassen | fressen

beißen | heißen | genießen | schmeißen

Anna verlor ihren ersten Zahn, als sie in einen saftigen Apfel ______________.

Im Unterricht ______________ die Kinder die Temperatur.

Nachdem unsere Lehrerin geheiratet hatte, ______________ sie Frau Schwamm.

Meine Eltern und ich ______________ den Schwimmbadbesuch.

Gestern ______________ Carlo seinen Schulbus und kam zu spät.

Nachbars Katze Minka ______________ mir gestern aus der Hand.

Im Wald ______________ Ayla auf eine geheimnisvolle Höhle.

Enttäuscht ______________ Anton das Bild.

Wütend ______________ Lia den Pullover auf den Boden.

Bilde Adjektive mit den Nachsilben -sam, -bar, -haft und -isch. Markiere die Nachsilbe.

stürmen	____________	glauben	____________
das Wunder	____________	der Rat	____________
schweigen	____________	essen	____________
die Mühe	____________	das Rätsel	____________
spotten	____________	der Regen	____________
die Strafe	____________	der Frühling	____________
danken	____________	sorgen	____________
der Verräter	____________	gemein	____________
achten	____________	die Heimat	____________

Ergänze die Tabelle.

Grundform	1. Vergleichsstufe (Höherstufe)	2. Vergleichsstufe (Höchststufe)
nett		
	wilder	
	nasser	
tot		
		am besten
	tiefer	
leer		
teuer		
ganz		

Verbinde die Sätze mit den passenden Bindewörtern und schreibe sie auf.

deshalb	obwohl	während	weil

Auf dem Heimweg lief ich in eine Pfütze. Meine Schuhe sind nass.

Ich gehe in die Schule. Ich bin müde.

Timur sitzt schon am Frühstückstisch. Seine Schwester Lina schläft noch.

Ich bin beim Tierarzt. Mein Hamster ist krank.

Das Bindewort kann auch am Satzanfang stehen. Verbinde die passenden Satzteile.

Bevor Nico aus dem Haus geht,	spielen wir im Kinderzimmer.
Weil es draußen regnet und stürmt,	stellt die Lehrerin die Heizung an.
Damit er konzentriert bleibt,	zieht er seine warme Jacke an.
Da es im Klassenzimmer kalt ist,	schaltet Paul noch kein Licht an.
Während David liest,	decken Leon und Lara den Tisch.
Bevor sie mit den Eltern essen,	macht Sadri regemäßig Pausen.
Obwohl es schon dunkel ist,	klingelt das Telefon.

- Sieh dir die Bilder an.
  Wie könnte die Geschichte von Anoki und Luna enden? Male.

- Schreibe eine Geschichte zu den Bildern.
  Denke dir eine Überschrift aus.

Test 1, S. 60

- Welche Antwort passt zu welcher Scherzfrage? Male in der gleichen Farbe an.

Womit endet die Unendlichkeit?

Wie fandest du das Wetter heute?

Warum fliegen Vögel im Winter in den Süden?

Wer trägt eine Brille und kann trotzdem nichts sehen?

Wo geht man durch ein Loch rein und durch zwei Löcher raus?

Bei einer Hose.

Die Nase.

Mit dem Buchstaben t.

Weil es zu Fuß zu weit wäre.

Ganz einfach: Ich ging vor die Tür und da war es.

Verbinde die Zahlen von 1 bis 132.

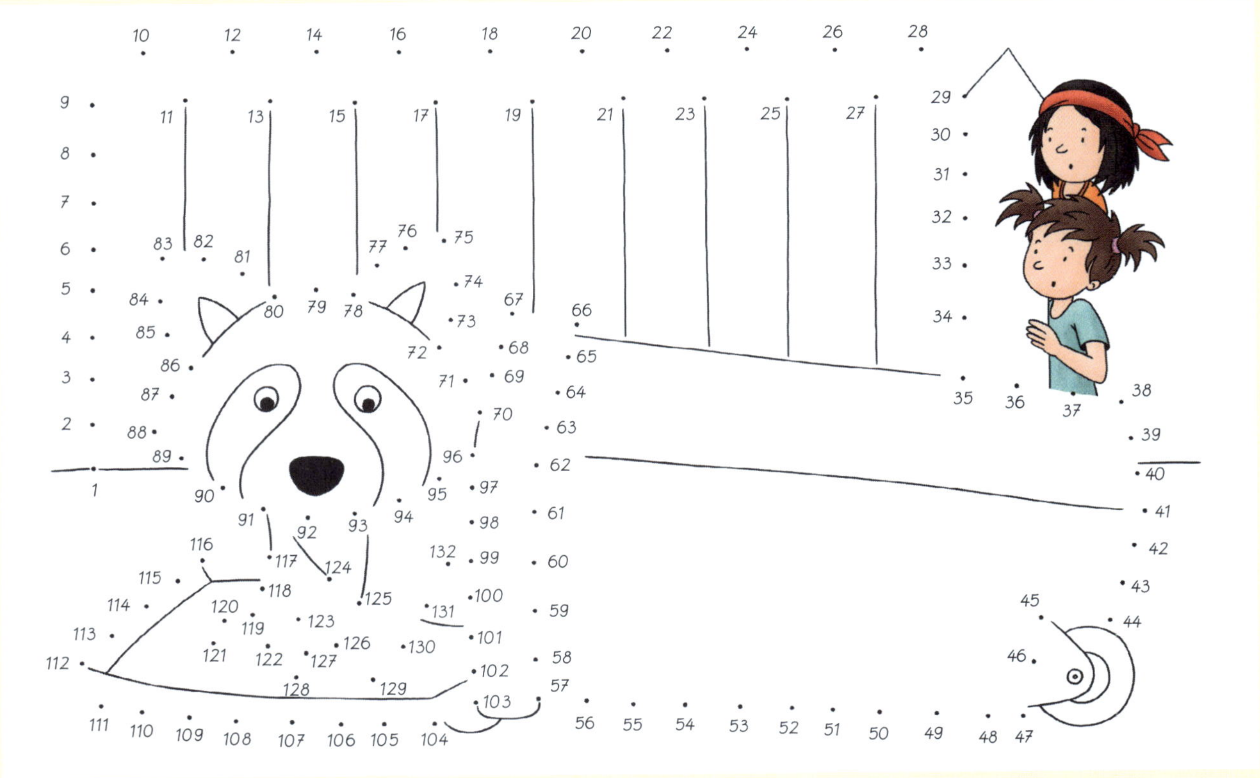

Schiffsausflüge auf dem Auwaldsee

Fahrplan gültig vom 15. April bis 31. Oktober

	täglich							
Fährhaus	ab	9.10	10.10	11.10	12.10	13.10	14.10	15.10
Campingplatz	ab	9.17	10.17	11.17	12.17	13.17	14.17	15.17
Grillplatz	ab	9.25	10.25	11.25	12.25	13.25	14.25	15.25
Wildgehege	ab	9.30	10.30	11.30	12.30	13.30	14.30	15.30
Kletterpark	ab	9.41	10.41	11.41	12.41	13.41	14.41	15.41
Forsthaus	ab	9.50	10.50	11.50	12.50	13.50	14.50	15.50
Auwaldmühle	ab	10.00	11.00	12.00	13.00	14.00	15.00	16.00

Beantworte die Fragen.

Wie oft kann man täglich vom Fährhaus bis zum Grillplatz fahren?

Das Schiff legt in 20 Minuten am Forsthaus an. Wo befindet es sich im Moment?

Familie Perl möchte im Restaurant „Auwaldmühle“ zu Mittag essen.
Wie lange dauert die Schifffahrt vom Campingplatz aus?

Die Klasse 4a ist auf Abschlussfahrt auf dem Campingplatz. Sie wird ab 10.15 Uhr im Kletterpark für zwei Stunden klettern. Um 13 Uhr erwartet der Förster die Klasse vor seinem Haus.
Wann muss die Klasse jeweils an welcher Station das Schiff besteigen?

Welche Redewendung passt zu welcher Situation? Verbinde.

kalte Füße bekommen	Tülin spricht mutig einen Jungen an.
wissen, wie der Hase läuft	Oma ist immer für uns da. Wir können über alles mit ihr sprechen.
sich ein Herz fassen	Im letzten Moment traut sich Paul doch nicht, vom 3-Meter-Brett zu springen.
für jeden ein offenes Ohr haben	Kiras Eltern haben eine Bäckerei. Sie spendieren Brötchen für das Schulfest.
jemandem sitzt die Angst im Nacken	Daria weiß, wie die Schulkantine funktioniert. Sie erklärt es der neuen Mitschülerin.
an der Quelle sitzen	Seit einem Unfall traut sich Timo nicht mehr, mit dem Skateboard zu fahren.

■ Was bedeuten diese Redewendungen? Erkläre.

Sie hat Schwein gehabt.

Heute möchte ich jemandem unter die Arme greifen.

Die Kinder hängen der Lehrerin an den Lippen, als sie eine Geschichte vorliest.

Du willst mich wohl auf den Arm nehmen?

Die Viertklässler verabschieden sich von der Klassenlehrerin mit einem lachenden und einem weinenden Auge.

Mein Freund hat sein Herz auf dem rechten Fleck.

- Suche passende Reimwörter. Markiere den Vokal und das h.

Zahn	lahm	steht	rühren	sehr
Kahn				
Fahne	Mohn	wühlen	wählen	Strahl

- Suche mindestens vier Wörter aus der Wortfamilie. Markiere den Wortstamm.

–wohn– ____________________

–zahn– ____________________

–fahr– ____________________

–bahn– ____________________

- Suche das Wort mit Dehnungs-h. Markiere den Wortstamm. Schreibe zwei verwandte Wörter auf.

Paul fühlt den Schmerz. fühlbar, Gefühl

Henriette führt den Hund aus. ______

Rina hat eine elektrische Zahnbürste. ______

Beim Sportfest erhält Judith eine Ehrenurkunde. ______

Marlon ist schwindelig, weil er im Kreis gefahren ist. ______

Die Klasse wählt einen neuen Klassensprecher. ______

Meine Mutter befiehlt dem Hund zu sitzen. ______

Der Läufer dehnt sich ausgiebig. ______

Ergänze die Tabelle. Markiere den Wortstamm.

zusammengesetzte Vergangenheit (Perfekt)	einfache Vergangenheit (Präteritum)	Gegenwart (Präsens)	Zukunft (Futur)
er hat gegossen	er	er	er
wir	wir	wir schreiben	wir
ihr	ihr	ihr	ihr werdet springen
ich	ich fror	ich	ich
du	du sangst	du	du
wir	wir	wir nehmen	wir

Verben

Schreibe Sätze in der zusammengesetzten Vergangenheit oder in der Zukunft.

Gestern ______	kaufen
Im nächsten Sommer ______	reisen
Vorgestern ______	regnen
Übermorgen ______	besuchen
Letzte Woche ______	gewinnen
Vor einer Stunde ______	stehen
In zwanzig Jahren ______	leben
Auf dem letzten Fest ______	lachen
Morgen Nachmittag ______	spielen

Kino Schauburg Kinderprogramm

Film	Do	Fr	Sa	So	Mo	Di	Mi
Peter und der Wolf ab 0 Jahren	15.00	15.00	13.00 17.00	13.00 17.00	15.00	15.00	
Die Pandabären ab 6 Jahren	16.30	16.30	11.00	11.00			
Der geheimnisvolle Pfad ab 6 Jahren	16.00	16.00	15.00	15.00	16.30	16.30	16.00
Dokumentation „Grönland“ ab 0 Jahren	14.00	14.30	14.30	14.30	14.00	14.30	14.00
Piraten ahoi! ab 0 Jahren	15.00	15.00	13.00 17.00	13.00 17.00	15.00	15.00	15.00

- Richtig oder falsch? Kreuze an.

Das Kino bietet fünf verschiedene Filme an.	☐ richtig	☐ falsch
Am Mittwoch findet kein Kinderprogramm statt.	☐ richtig	☐ falsch
„Piraten ahoi!“ kann man sieben Mal in der Woche sehen.	☐ richtig	☐ falsch
Der dreijährige Anton darf zwei Kinofilme anschauen.	☐ richtig	☐ falsch
Am Wochenende ist die letzte Vorstellung um 17 Uhr.	☐ richtig	☐ falsch
Samstags laufen um 13 Uhr zwei verschiedene Filme.	☐ richtig	☐ falsch
„Peter und der Wolf“ läuft nur am Mittwoch.	☐ richtig	☐ falsch
Kinder ab 12 Jahren dürfen alle Filme sehen.	☐ richtig	☐ falsch
„Die Pandabären“ läuft zu drei verschiedenen Uhrzeiten.	☐ richtig	☐ falsch
„Der geheimnisvolle Pfad“ läuft nur dienstags um 16.30 Uhr.	☐ richtig	☐ falsch
Samstags gibt es fünf verschiedene Filme.	☐ richtig	☐ falsch

s, ss oder **ß**? Setze die Wörter in der richtigen Form ein. Markiere s, ss oder ß.

Rachel füttert den ____________ mit einer Möhre. | Ha_e

Im Supermarkt ____________ ich an der ____________ den Verkäufer. | grü_en | Ka_e

Die Kinder ____________ jedes Gemüse, ____________ Spargel. | e_en | au_er

Wir ____________ ein spannendes Buch über die ____________ Ameisen. | le_en | flei_ig

Immer wieder ____________ ich ein ____________ um. | sto_en | Gla_

Wir ____________ die ____________ Rosen im Garten. | gie_en | wei_

Paula watet ____________ durch den ____________. | barfu_ | Flu_

Mesut ____________ den Jubel nach dem ____________. | genie_en | Torschu_

Das Kleid ____________, es hat die richtige ____________. | pa_en | Grö_e

■ **x**, **cks** oder **chs**? Schreibe die Wörter richtig auf.

Da __ bau

Stabmi __ er

A __ elhöhle

Le __ ikon

E __ perten

We __ elgeld

E __ plosion

Glü __ gefühle

Farbkle __

Eide __ e

Zaubertri __

Erwa __ ene

Kerzenwa __

Gewä __ haus

Lesete __ t

eindru __ voll

Ta __ ifahrerin

Bü __ e

Test 2, S. 61

- Anoki und Luna zeichnen Wortbilder. Erfinde weitere Wortbilder.

■ Wer spricht? Unterstreiche die wörtliche Rede in unterschiedlichen Farben.

Adrian und Jonas gehen zusammen nach der Schule nach Hause. Adrian fragt: „Möchtest du heute mit zum Fußballtraining kommen?“ „Oh ja, das wollte ich schon immer mal. Wann beginnt das Training?“, freut sich Jonas. „Um 17 Uhr laufe ich von zu Hause los. Treffen wir uns bei mir vor der Haustür?“ „Das klingt prima!“ „Heute besucht uns ein Spieler aus der 1. Bundesliga und zeigt uns neue Spieltechniken.“ „Wow! Das darf ich nicht verpassen.“ Doch dann zögert er: „Allerdings muss ich meiner Mutter noch Bescheid geben.“ „Dann ruf mich doch noch einmal an, ob sie damit einverstanden ist.“ An der Ampel verabschieden sich die beiden. „Das Training geht bis 19 Uhr. Mein Vater holt mich immer mit dem Auto ab und kann dich sicherlich auch nach Hause fahren. Bis nachher.“ „Das ist nett. Ich freue mich auf das Training und bin gespannt, ob ich noch jemanden außer dir kenne. Tschüss.“

■ Wer spricht? Unterstreiche die wörtliche Rede in unterschiedlichen Farben.

„Welches Mittagessen kochen wir am Samstag?", fragt die Mutter beim Abendessen. „Ich wünsche mir mal wieder Waffeln mit heißen Kirschen", meint Anna. „Waffeln hatten wir doch erst letzte Woche."
„Oma hat früher immer so fantastisches Gulasch gekocht, vielleicht kann sie uns das Rezept dafür geben?", überlegt der Vater. „Könnten wir die Waffeln wenigstens als Nachtisch machen?" „Bei Dalia gab es letzte Woche Hähnchen, das hat so lecker geschmeckt", berichtet Carl.
„Eigentlich würde ich lieber vegetarisches Essen kochen. Bei uns in der Kantine gibt es schon so oft Fleisch."
„Waffeln sind vegetarisch und lecker."
„Von Waffeln werde ich nach einem langen Arbeitstag aber nicht satt." „Du könntest Reis machen und ich esse deine Portion Hähnchen."
„Wisst ihr was? Ich werde Lachsnudeln kochen und wer möchte, isst mit."

Unter der Erde unterwegs

Viele Menschen sind auf öffentliche Verkehrsmittel angewiesen: Für den Weg zur Schule, zur Arbeit oder in den Urlaub. Busse und Züge reichen in Großstädten dafür nicht aus, denn mit Autos, Lkws und Fahrrädern wird es auf den Straßen manchmal ganz schön eng. In München, Berlin, Hamburg und anderen großen Städten bietet die U-Bahn auf einem Schienennetz, das unter der Erde verläuft, eine zusätzliche Möglichkeit für den Transport von Passagieren.
Die erste Untergrundbahn wurde 1863 in der britischen Hauptstadt London eröffnet. Grund dafür waren chaotische Straßenverhältnisse, die die Kutschen, Pferde und Fußgänger verursachten. Die erste U-Bahn unterschied sich von den heutigen: Damals zog eine Dampflok die Waggons. Im unterirdischen Tunnel stank es immer stark nach Qualm.
33 Jahre später wurde in Ungarns Hauptstadt Budapest die erste elektrische U-Bahn in Betrieb genommen. Sie wurde von einem Elektromotor angetrieben, den der Deutsche Werner von Siemens erfand.
Heutzutage haben viele U-Bahnen auch Streckenabschnitte an der Oberfläche.

- Lies den Text und beantworte die Fragen.

Warum wird die U-Bahn ihrem Namen nicht immer gerecht?

Warum wird es auf den Straßen manchmal ganz schön eng?

Wo fuhr die erste U-Bahn und wie unterschied sie sich von heutigen U-Bahnen?

■ Setze die Höflichkeitspronomen passend ein.

Sie	Ihrer	Ihnen	Ihrem	Ihr	Ihren	Ihre

Lieber Herr Sahin,

wie geht es ___________? Unser Schullandheimaufenthalt in ___________ Haus war einfach spitze. Vielen Dank, dass ___________ sich so toll um alles gekümmert haben. Besonders gut gefallen hat uns ___________ Grillplatz. Das Lagerfeuer mit den Marshmallows und dem selbstgemachten Stockbrot von ___________ Frau war ein tolles Erlebnis. Auch die Nachtwanderung mit ___________ und ___________ Hunden werden wir so schnell nicht wieder vergessen. Wir freuen uns auf ein Wiedersehen mit ___________ im nächsten Jahr!

Viele Grüße

___________ Klasse 4a

Setze die Höflichkeitspronomen passend ein.

Haben __________ Kinder?	sie/Sie
Meine Mutter sitzt mit __________ Freundin im Café.	ihrer/Ihrer
Frau Schön, mir gefallen __________ bunten Arbeitsblätter.	ihre/Ihre
Guten Tag, kann ich __________ helfen?	ihnen/Ihnen
Da stehen Constantin und Luisa. Ich möchte __________ begrüßen.	sie/Sie
Das ist Henriette und __________ Hund Jack.	ihr/Ihr
Gehört __________ das Auto im Halteverbot?	ihnen/Ihnen
Die Eltern gehen mit __________ Kindern ins Museum.	ihren/Ihren
Meine Großeltern sind im Urlaub und es geht __________ gut.	ihnen/Ihnen

■ In dem Text sind 6 Fehler. Markiere die Wörter und schreibe sie richtig auf. Erkläre die richtige Schreibweise.

Im Schul Sekretariat klingelt das Telefon.
Eine Stime sagt: „Ich wollte ihnen mitteilen,
dass Kim Müller heute nicht zum Unterricht
kommen kann. Sie hat sich erkeltet."
Die Sekretärin fragt nach: „wer ist am Apparat?"
Die Stimme antwortet: „Mein Fater."

- In dem Text sind 6 Fehler.
  Markiere die Wörter und schreibe sie richtig auf.
  Erkläre die richtige Schreibweise.

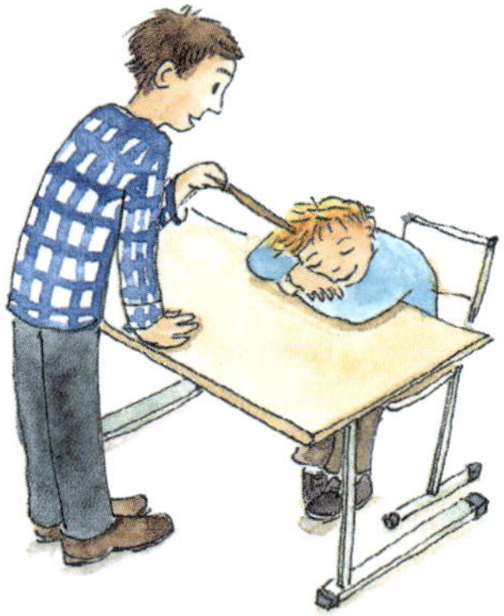

Ein Schüler schleft im Mathematikunterricht.
Der Lehrer weckt ihn. „Ich kann mir nicht Vorstellen,
das das der richtige platz zum Schlafen ist!“
Darauf antwortet der Schüler: „Ach, es get schon.
Sie müsen nur bitte leiser sprechen!“

dass oder **das**? Setze passend ein.

Ich esse ein Schnitzel, __________ meine Mutter gemacht hat.

Ich habe Glück, __________ ich eine sehr nette Klavierlehrerin habe.

Luan ärgert sich, __________ er schon wieder die Hausaufgaben vergessen hat.

Die Klasse löst ein Quiz, __________ sehr schwierig ist.

Die Großeltern sehen sich das Bild an, __________ Malik ihnen geschenkt hat.

Julie freut sich, __________ sie das Siegtor geschossen hat.

Kann es sein, __________ es morgen schneien wird?

Ich habe Glück, __________ ich eine tolle Freundin habe.

■ **dass** oder **das**? Setze passend ein.

Pauline trägt ein Kleid, __________ sie von ihrer Tante geschenkt bekommen hat.

Ich werde dem Lehrer zeigen, __________ ich das Thema verstanden habe.

In unsere Klasse kommt ein neues Mädchen, __________ neu zugezogen ist.

Carlos findet, __________ __________ Computerspiel sehr spannend ist.

Kevin freut sich, __________ er so gewachsen ist.

Mit meinem Fahrrad, __________ ich neu bekommen habe, fahre ich zur Schule.

__________ Handy, __________ ich von meiner Schwester bekommen habe, ist grün.

Ich weiß, __________ __________ Spiel uns allen Spaß machen wird.

__________ Bild, __________ mein Bruder gemalt hat, gefällt mir sehr.

Anna hofft, __________ morgen die Sonne scheint und sie __________ neue Skateboard testen kann.

- Unterstreiche Subjekt (Satzgegenstand), Prädikat (Satzaussage), Zeitangaben und Ortsangaben in unterschiedlichen Farben.

Gestern gingen Elyas und Jan ins Kino.

Die Kinder freuen sich auf die Vorführung im Theater.

Jessy und Jason spielen nachmittags Basketball im Sportclub.

Im Flugzeug sitzen viele Passagiere.

Die neuen Bücher stellt Mia ins Regal.

Im Juli fährt die vierte Klasse ins Schullandheim in den Schwarzwald.

Beim Abendessen erzählt Amar von seinem Schultag.

In der Sporthalle turnen die Kinder am Morgen.

Letzte Woche lernten die Kinder im Spielclub neue Hip-Hop-Schritte.

Vorgestern fand der Kunstunterricht im Freien statt.

Ella geht morgen zum ersten Mal ins Stadion.

Im Herbst ernten die Kinder viele Äpfel im Schulgarten.

- Unterstreiche Subjekt (Satzgegenstand), Prädikat (Satzaussage), Zeitangaben und Ortsangaben in unterschiedlichen Farben.

Morgen zieht eine neue Familie in unser Haus.

Im Musikzimmer spielt Lennard heute ein Klavierstück vor.

Nächste Woche werden die Ferien beginnen.

Am Mittwoch will die Klasse in die Bibliothek gehen.

Alex muss vor dem Mittagessen Apfelsaft aus dem Keller holen.

Auf dem Schulhof haben die Lehrkräfte in der Pause Glückskekse verteilt.

Saras Tante hat früher sehr schön Oboe gespielt.

Die Plakate werden gut sichtbar am Eingang aufgehängt.

Vor drei Wochen musste Wanda ins Krankenhaus.

Der Bus hat heute Morgen Verspätung gehabt.

Deshalb ist Mesut zu spät in die Schule gekommen.

Die Kinder toben abends im Kinderzimmer.

- Arel und Lina schreiben sich nach der Schule SMS. Ergänze.

1. Hallo Lina, super, dass wir simsen können. Ist das dein Handy? Arel

2.

3. Prima, dass du es mitbenutzen darfst. Toller Bruder ☺

4. Ich verstehe die Mathe-Aufgabe 3 nicht.

5.

6. Dankeschön ☺. Gehst du nachher zum Sport?

7
8
Schade. Kommst du auch gleich zu Fatmas Geburtstag?
9
10
Dann beeile dich, sonst ist der Kuchen alle.
11
Kannst mir ja ein Stück aufheben. Bis später!
12

Test 3, S. 62

- Wie oft kommen die vier Muster vor? Zähle und trage ein.

1. 

◯-mal

2. 

◯-mal

3. 

◯-mal

4. 

◯-mal

- Was für ein Buchstabensalat! Kannst du Anoki helfen, Wörter zu bilden? Bilde immer zwei Wörter und schreibe sie auf.

OTR: ______________________________

FEEIR: ______________________________

ADBNE: ______________________________

EMLPA: ______________________________

UTFL: ______________________________

HLME: ______________________________

NDLAE: ______________________________

ENNOT: ______________________________

Lies genau und verbinde. Schreibe die Wörter auf.

BE		ÄNZER	
SCHI		EMPO	
KONTRO		UCH	Betttuch
SCHLU	FFF	AHRT	
RO	LLL	LASCHE	
HANDBA	SSS	ATZ	
KUNSTSTO	TTT	EHRER	
KRISTA		EUCHTER	
BALLE		AMPE	
SCHRI		ADEN	

Genau lesen

Lies genau und verbinde. Schreibe die Wörter auf.

BRE		AGER
GESCHI		ULE
NU	EEE	ETZEN
ME	FFF	ESSEL
SCHN	LLL	EINIGER
WO	NNN	LEFANT
ABFA	RRR	CHALE
T	SSS	TAB
STO		APPEN
S		I

Unterstreiche das Nomen (Substantiv) im richtigen Fall.

1. Fall (Nominativ)

Wer oder was ...?

Vater baut das Gartenhaus zusammen.
Daneben gießt Opa die Blumen im Beet.
Am wolkenlosen Himmel scheint die Sonne.

2. Fall (Genitiv)

Wessen ...?

Die Nachbarin steht an der Ecke des Zaunes.
Ihr Mann steht auf dem Balkon des Hauses.
Die Kinder der Familie spielen Basketball.

3. Fall (Dativ)

Wem ...?

Die kleine Hundehütte gehört dem Hund.
Juri bringt dem Vater ein Glas Saft.
Der Vater dankt dem Sohn.

4. Fall (Akkusativ)

Wen oder was ...?

Jetzt mäht die Mutter den Rasen.
Paula und Juri pflücken die reifen Erdbeeren.
Die ganze Familie mag die Sonnentage im Garten.

■ Setze das Nomen mit Artikel passend ein.

1. Fall (Nominativ)	Auf der Terrasse liegt ____________________ (Hund).
Wer oder was …?	____________________ (Mädchen) klettert auf den Baum.
	Oben im Baum sitzt ____________________ (Katze).
2. Fall (Genitiv)	Der Stamm ____________________ (Baum) fühlt sich rau an.
Wessen …?	Die Blätter ____________________ (Birke) sind grün.
	Das Dach ____________________ (Haus) ist braun.
3. Fall (Dativ)	Die Rassel auf der Wiese gehört ____________________ (Baby).
Wem …?	Paula und Juri spielen mit ____________________ (Ball).
	Der Baum spendet ____________________ (Familie) Schatten.
4. Fall (Akkusativ)	Vater deckt ____________________ (Tisch) auf der Terrasse.
Wen oder was …?	Mutter bringt ____________________ (Säge) ins Gartenhaus.
	Opa stellt ____________________ (Vase) mit Blumen auf den Tisch.

- Unterstreiche die Wen-Ergänzung (Objekt im 4. Fall).

Der Bauarbeiter hebt die Baugrube aus.

Die Ärztin behandelt kranke Personen in ihrer Praxis.

Mit dem Rasenmäher mäht die Landschaftsgärtnerin den Rasen.

Der Konditor backt zwei große Torten für eine Hochzeit.

Den Reifenwechsel macht die KfZ-Mechatronikerin sofort.

In der Küche bereitet der Koch eine Suppe und einen Nachtisch vor.

Der Kellner serviert auf seinem Tablett kalte und warme Getränke.

Im Wald fällt der Förster kranke Bäume.

Die Kindergartenkinder machen einen Ausflug ins Grüne.

In der Schule unterstützt die Sekretärin die Rektorin.

Ingenieurinnen und Ingenieure entwickeln ein neues Automodell.

Der Fotograf fotografiert das Hochzeitspaar.

- Unterstreiche die Wem-Ergänzung (Objekt im 3. Fall).

Dem Schreinermeister gehört eine große Werkstatt.

Der Friseur fönt der Kundin die Haare.

Im Flugzeug zeigt die Pilotin dem Co-Piloten den Flugplan.

Der Tierarzt gibt dem Kaninchen eine Betäubungsspritze.

Im Unverpacktladen fülle ich mir Nahrungsmittel in meine mitgebrachten Gläser.

Der Fotograf überreicht der Kommunionsgruppe die Fotos.

Die Floristin bindet ihrem Kunden einen Rosenstrauß.

Die Trainerin gratuliert der Mannschaft zum Sieg.

Der Kunstlehrer hilft den Kindern bei der Collage.

Der Paketbote bringt Frau Wang ein langes Paket.

Die Apothekerin wünscht der Kundschaft gute Besserung.

Die Polizistin erklärt der Klasse die Verkehrsregeln.

Verbinde.

Im Sommer	Subjekt
fliegt	Ortsangabe
meine Familie	Zeitangabe
nach Kanada.	Prädikat

Die Klasse	Wen-Ergänzung
überreicht	Wem-Ergänzung
dem Lehrer	Subjekt
ein Geschenk.	Prädikat

Mein Vater	Zeitangabe
erzählt	Subjekt
uns Kindern	Wen-Ergänzung
am Abend	Prädikat
eine Geschichte.	Wem-Ergänzung

Auf der Wiese	Ortsangabe
sehen	Prädikat
wir	Zeitangabe
im Sommer	Wen-Ergänzung
viele Bienen.	Subjekt

■ Bestimme die Satzglieder.

Gestern	______	John	______
spielten	______	gibt	______
Yan und Tom	______	Oma	______
am Bach.	______	Tipps zur Müllvermeidung.	______
Ihrem Opa	______	Lola	______
basteln	______	macht	______
die Enkel	______	im Sommer	______
heute	______	ihre Hausaufgaben	______
Tüten aus Zeitungspapier.	______	auf der Terrasse.	______

■ Stelle die Satzglieder um.

Heute macht die Klasse 4b im Park einen Sporttag.

Ortsangabe Prädikat Subjekt Zeitangabe Wen-Ergänzung

Die Lehrerin gibt den Kindern die Bälle.

Wem-Ergänzung Prädikat Subjekt Wen-Ergänzung

Die Eltern beobachten nun die Mannschaften.

Zeitangabe Prädikat Subjekt Wen-Ergänzung

- Schreibe Sätze.

balancieren | zwei Mädchen | am Waldrand | jetzt

gelingt | auf der Minirampe | Anna | ein toller Sprung

beobachtet | seit fünf Minuten | Yannik | ein Eichhörnchen

Satzglieder

Die Nachtwanderung

Vor den letzten Osterferien war ich mit meiner Klasse im Schullandheim.
Am dritten Abend haben wir eine Nachtwanderung gemacht.
Auf Anweisung unserer Lehrerin machten wir die Taschenlampen aus und wanderten bei Mondlicht durch den Nadelwald. Bald hatten sich unsere Augen an die Dunkelheit gewöhnt. Immer wieder raschelte es im Gebüsch neben uns. Vermutlich waren das nachtaktive Tiere, die wir aber nicht sehen konnten. Die meisten von uns fanden es ein bisschen unheimlich. Nur Paula gab wie immer an und prahlte, dass sie sich vor nichts fürchten würde.
Plötzlich tauchte vor uns ein riesiges Etwas auf. Es war weiß und größer als unsere Lehrerin. Langsam kam es auf uns zu. Alle blieben wie erstarrt stehen.
War das ein echtes Waldgespenst?
Einige Kinder fingen an zu schreien. Paula kreischte am lautesten und versteckte sich hinter unserer Lehrerin. Nun bekam auch ich Angst.
„Huhuuuuu, wagt euch keinen Schritt näher in meinen Wald hinein!“, brummte das weiße Etwas mit tiefer Stimme.
Da rief ich: „Das ist Herr Krause!”
Ich hatte die Stimme unseres Lehrers erkannt.
Das Gespenst begann laut zu lachen und wir lachten alle erleichtert mit.

- Schreibe die Geschichte aus Paulas Sicht.

Ordne in jeder Reihe die Wörter nach dem Alphabet (ABC). Nummeriere.

☐ Südamerika	☐ Asien	☐ Australien	☐ Europa
☐ vier	☐ Tier	☐ hier	☐ Gier
☐ chillen	☐ Chor	☐ chatten	☐ Chefin
☐ Schule	☐ schlendern	☐ Schlange	☐ schnell
☐ nachhaltig	☐ nachher	☐ Nachrichten	☐ nachts
☐ Freude	☐ erfreuen	☐ erfreulich	☐ Freund
☐ Überraschung	☐ überraschen	☐ überrascht	☐ Überraschungsbesuch

- Schreibe die Wörter mit Artikel auf.
  Überprüfe mit dem Wörterbuch.

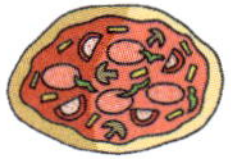

Test 4, S. 63 und Test 5, S. 64

Mach Pause!

- Sieh dir die Bilder an. Welche Wörter sind darin versteckt?

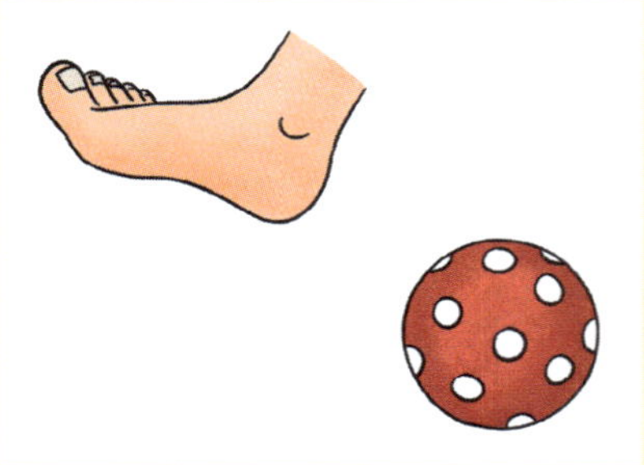

- Kannst du Anoki helfen, das Spiegelbild zu zeichnen?
  Benutze ein Lineal.

Ergänze die Tabelle. Markiere den Wortstamm.

	Gegenwart (Präsens)	**einfache Vergangenheit (Präteritum)**	**zusammengesetzte Vergangenheit (Perfekt)**
wissen	du	er	wir
	ich bringe	ihr	du
	wir	du konntest	ich
rennen	ihr	ich	es

Ergänze die Tabelle.

Grundform	**1. Vergleichsstufe (Höherstufe)**	**2. Vergleichsstufe (Höchststufe)**
nah		
klug		
	schlauer	
	besser	

20 ☺ ☺ 😐 ☹

s, **ss** oder **ß**? **x**, **cks** oder **chs**? Setze die Wörter in der richtigen Form ein.

Finn liest einen ___________ über einen ___________.

Das _________ ______________ der Welt steht in Dubai.

Max schaut ________ Videos mit Skateboard-________.

Te t	Da
grö te	Rie enrad
kra e	Skateboard-Tri

Suche drei Wörter aus der Wortfamilie. Markiere den Wortstamm.

–fühl– ______________________________

–zahl– ______________________________

Berichtige die falsch geschriebenen Wörter. Schreibe sie richtig auf.

Der Onkel stellt den Blumenstraus in eine Vasse. ______________________

Die Straßenban fährt am Park vorbei. ______________________

14

dass oder **das**? Setze passend ein.

________ Mädchen sieht, ________ ein Hase über ________ Feld springt.

Es weiß, ________ es Feldhasen gibt. Diese verstecken sich tagsüber in einer flachen Mulde, der sogenannten Sasse. ________ Feld, ________ vor ihr liegt, hat viele Mulden.

Setze passende Höflichkeitspronomen ein.

Ihrem | Ihnen | Ihre | Sie | Ihnen

Liebe Mitbewohner, ____________ fiel bestimmt auf, dass unsere Mülltonnen mit ____________ Müll in letzter Zeit nicht immer von der Müllabfuhr geleert wurden. Bitte achten ____________ auf eine bessere Mülltrennung. Ich danke ____________.

____________ Hausmeisterin Frau Blume

11 ☺ ☺ 😐 ☹ ____________

- Setze das Nomen mit Artikel passend ein und schreibe den Fall dahinter.

Wir gehen über ________________ (Straße). ________________

________________ (Kind) sind im Freibad. ________________

Julika spielt mit ________________ (Hund). ________________

Das Fell ________________ (Hamster) ist weich. ________________

- Markiere die Wem-Ergänzung (Objekt im 3. Fall) und die Wen-Ergänzung (Objekt im 4. Fall) unterschiedlich.

Amar bereitet das Abendessen vor. Mit einem Messer schneidet er eine Gurke. Seiner Mutter legt er ein buntes Gemüsegesicht auf den Teller. Amar schenkt seinem Vater ein Saftschorle ins Glas. Nun ist Amar auf ihre Reaktionen gespannt.

16

Bestimme die Satzglieder.

Julian	______	Letzte Woche	______
erzählt	______	packten	______
seiner Schwester	______	wir	______
auf dem Sofa	______	unserer Tante	______
eine Geschichte.	______	ein Paket.	______

Schreibe einen Satz.

veranstaltet   auf dem Schulhof   morgen   die Klasse 4a   eine Tauschbörse

____

Zeitangabe   Prädikat   Subjekt   Wen-Ergänzung   Ortsangabe

15